AF277101

CONVERSACIONES

1

SELVA ALMADA, CRISTINA RIVERA GARZA Y JUAN PABLO VILLALOBOS

DEAMBULAR OTRA VEZ

CONVERSACIONES

DERECHOS RESERVADOS
© 2020 Selva Almada, Cristina Rivera Garza
        y Juan Pablo Villalobos
© 2024 Almadía Aljosan S.L.
        Calle Alberto Bosch, 9
        28014, Madrid, España

https://editorialalmadia.com/
@EdAlmadiaEs
@edalmadiaes

Primera edición: septiembre de 2024

ISBN: 978-84-128527-4-5
Depósito legal: M-17937-2024

Impreso y hecho en España.

SELVA ALMADA, CRISTINA RIVERA GARZA Y JUAN PABLO VILLALOBOS

DEAMBULAR OTRA VEZ

Almadía

La escritura es un acto colectivo. Si bien es cierto que la redacción tiene un dejo de intimidad y que cada quien decide cómo y dónde escribir –en una biblioteca, un estudio privado o un café lleno de gente–, el proceso creativo, sinuoso e imperceptible, se gesta desde el trato con amigxs, amantes, familiares, colegas y desconocidxs. Cuando los textos han sido terminados, se publican para que las palabras encuentren lectores, y continúan los diálogos que, a su vez, provocan obras nuevas.

Los libros, sin embargo –siempre con un título y un solo autor que en la cubierta o en el lomo autentifican la creación individual–, suelen sumarse a una visión personal, no grupal, del quehacer literario. La colección *Conversaciones* apunta en sentido contrario y une tres voces para hacer del libro un espacio de reflexión colectiva.

A través del tono anecdótico, informal y no totalizante de la charla, cada participante hace un primer texto donde le cuenta a los otros sus ideas sobre un tema. Luego, cada quien recibe y lee los escritos ajenos y redacta otros textos, en un ejercicio que pretende mostrar los efectos de las ideas de los demás en la escritura y enriquecer la experiencia literaria por medio de la polifonía.

Lxs editorxs

La quietud

SELVA

Hace seis meses que no piso Buenos Aires, la ciudad donde viví los últimos veinte años, de la que nunca me ausenté más de tres semanas. Ahora vivo en una zona semirrural del conurbano bonaerense, si es que algo así puede existir, a cincuenta kilómetros de la capital. En las afueras de un pueblo pobre, con casas de ladrillo hueco, sin terminar, con hierros herrumbrados que asoman encima de las lozas como la promesa de un segundo piso que nunca se construyó. Hace unos años, con unos amigos, compramos un lote aquí. Cada uno tiene una pequeña parcela y sobre ella una casa minúscula hecha con un contenedor. A veces, cuando no puedo dormir, pienso qué cosas habrán viajado adentro de esta caja de metal donde yo intento conciliar el sueño. Qué mares habrá atravesado mi casa hasta encallar en este pueblo, arrastrada hasta aquí por una grúa. En el pueblo nos conocen como "los que viven en los contenedores", llama la atención porque no hay otras construcciones así. Están las casas sin terminar de ladrillo hueco del casco urbano; las casas-quinta con pileta, árboles antiguos y entradas para varios coches; y los ranchos de madera, casitas precarias donde viven los quinteros bolivianos y paraguayos. Porque en este pueblo se cultivan verduras que abastecen toda la zona. Entonces aquí las construcciones son de ladrillo pelado, de metal como las nuestras, de madera, y de plástico: los enormes invernaderos donde se cultiva.

Desde los diecisiete años que no vivo en un contacto diario con la naturaleza. Nací y me crie en un pueblo; luego emigré a una ciudad más grande para ir a la universidad; luego me mudé a Buenos Aires, la ciudad más grande de mi país. Ahora, mientras escribo, tengo frente a mí un bosquecito de álamos, un limonero real, un ciruelo justamente florecido y un cerezo con pimpollos que se abrirán en cualquier momento. Madreselvas y rosas salvajes trepan por los árboles que no dan frutos. Cuando me instalé aquí en marzo los álamos estaban aún llenos de hojas. En Buenos Aires también hay árboles y en otoño las hojas amarillas se amontonan en las calles hasta que las recogen. Pero este año aquí pude ver las hojas mientras caían. Es decir, en el momento exacto en que se desprendían de las ramas y empezaban a planear en el aire hasta llegar al suelo. Así hasta que los árboles quedaron completamente pelados, las ramas blancas y delgadas de los álamos extendidas hacia el cielo como garras de esqueleto. Ahora que ya estamos en septiembre estoy asistiendo al milagro inverso: las ramas que parecían muertas se llenan de botones de un verde increíble de tan brillante, tan nuevo, como si ese tono de verde acabara de inventarse.

Algo que también había olvidado después de tantos años de vivir en una ciudad, es la luz del día. En Buenos Aires, sobre todo si vivimos en casas y no en edificios, es habitual tener la luz eléctrica prendida durante todo el día porque la luz natural no alcanza a iluminar el interior de las habitaciones. El resto de las construcciones, los edificios altísimos, impiden que llegue el sol durante el día. La iluminación artificial de las calles, la cartelería, los semáforos, el esmog, impiden ver las estrellas durante las noches.

No me gusta el invierno, me angustia de esa época sobre todo la falta de luz, que los días sean tan breves. Cuando vivía en la ciudad me ponía contenta, una alegría infantil, absurda, cuando llegaba el 22 de junio. Esto quería decir que a partir de ese día los días empezarían a alargarse en dosis minúsculas de segundos. Imperceptibles en la ciudad. Ahora que estoy aquí lo he visto con mis propios ojos: unos segundos más de luz cada día. Las estrellas brillando en las noches heladas. La escarcha en el pasto destellando bajo los rayos del sol en la mañana. Ahora, estas últimas semanas, las esferas del diente de león casi flotando sobre el pasto por efectos de la luz.

No me había dado cuenta de cuánto añoraba la luz en toda su variación. Asistir, como se asiste a un evento magnífico, a las puestas de sol. El cielo rojo enloquecido que empieza a tornarse violeta como si le faltara el aire, lívido, asfixiado por su propia belleza.

A esta altura de mi relato se preguntarán qué tiene que ver esto con la escritura. Probablemente nada pues hace meses que no escribo. ¿Qué tendría para decir de la escritura alguien que no escribe? Y probablemente todo porque aunque no esté en "estado de escritura" siento que no estaba tan atenta y receptiva y amorosa de mi entorno desde hace años. Después de todo creo que eso es lo único que necesita una escritora, un escritor, para que me interese lo que escribe.

Juan Pablo

A principios de abril, después de dos semanas de confinamiento, descubrí que a través
de la ventana de la sala de nuestro departamento se veía un árbol. Vivimos en la segunda planta de un edificio, la ventana da a
la calle y el árbol está en la banqueta de en-
frente. Por supuesto, estoy exagerando. Había visto el árbol antes, todos los días, pero
lo que quiero decir es que no le había puesto
atención. Se trata de un árbol más bien feo,
esbelto, de hojas lanceoladas y vainas ama-
rillentas, cuyas ramas más altas alcanzan el
tercer piso de la finca que custodia. Un árbol
sin mucho chiste. Quizá por eso hasta entonces lo había ignorado.

Durante el confinamiento, la ventana de

la sala se convirtió en nuestro único contacto cotidiano con el mundo exterior. Estoy escribiendo en Barcelona, donde la cuarentena fue severa: yo salía de casa solamente una vez a la semana, a la esquina, donde está el supermercado, para hacer la compra. La operación me tomaba alrededor de media hora. El resto del tiempo lo pasábamos encerrados en los setenta metros cuadrados del departamento, intentando mantener las apariencias de nuestra vida profesional, escolar, familiar y amorosa. Era un trabajo agotador, lo sigue siendo, todavía. Y la ventana era un respiro, la posibilidad de mirar hacia afuera y no hacia adentro.

Por la mañana, entre las ocho cuarenta y las nueve veinte los rayos del sol caían sobre el antepecho, en el que nos sentábamos por turnos los cuatro miembros de la familia: Andreia, Mateo, Sofía y yo. Estábamos hartos del invierno y del encierro, pero también dramatizábamos, sobre todo en lo relativo a las posibles consecuencias de la insuficiencia de vitamina D.

Al principio me interesé por el árbol un poco falsamente, con remordimientos, como se hace cuando uno de nuestros padres, amigos o pareja nos reprocha no habernos dado cuenta de que fueron a la peluquería o haber olvidado su cumpleaños. Para empezar, me propuse identificarlo, saber cómo se llamaba, a qué familia pertenecía, qué usos o propiedades tenía. No es tan fácil identificar un árbol, créanme, especialmente si no sabes mucho de árboles. Pero lo logré, usando una aplicación y mirando decenas de fotografías en internet para confirmarlo.

El árbol en cuestión resultó tener un nombre medio poético, definitivamente cursi. Así es como lo conoce todo el mundo, su nombre común o vulgar, porque el verdadero, el científico, es difícil de pronunciar y está en latín, como los botánicos mandan. Vino de China. Esa familia de árboles, quiero decir, no este árbol en particular, que fue plantado por el departamento de Parques y Jardines del Ayuntamiento de Barcelona. Una vez identificado, era fácil que fuera adquiriendo tintes literarios: leí varios artículos sobre cómo ese árbol, en el siglo XVIII, por iniciativa de un botánico inglés, había colonizado parte de Europa y algunos lugares de Sudamérica. Tenía una historia bonita, el árbol, llena de esas anécdotas pintorescas con las que los escritores mediocres producen novelas para leer en la playa.

Empecé a mirar al árbol de otra manera, con mayor detenimiento, y durante mucho tiempo: me apostaba en la ventana con una taza de café, de té, una cerveza, un mezcal, un vaso de agua, dependiendo del estado de ánimo y la hora del día, y lo observaba. De

ahí a querer escribir sobre el árbol había no-
más un pasito.

Yo no estaba escribiendo nada por aquel
entonces; estaba concentrado en la transfor-
mación de mis clases y talleres presenciales
en virtuales. De hecho, me había prometido
no escribir nada sobre el virus o el confinamiento. Nada. Lo juré. Me lo juré a mí
mismo. Pero es estúpido no permitirse cam-
biar de idea. Además, en realidad no estoy
hablando de eso, ni del virus ni del confinamiento, sino de otras cosas que, eso sí, no
hubieran sucedido en otras circunstancias.
Del árbol, por ejemplo.

Poco a poco se fue asentando dentro de
mí la idea de escribir algo sobre el árbol o,
más bien, a partir de él, del efecto que estaba
operando en mí su observación atenta. Era
apenas una idea difusa, una imagen borro-
sa que habría que enfocar para darle niti-
dez o desenfocarla todavía más hasta que la

distorsión produjera literatura. No me gusta apresurarme cuando noto el impulso de escribir. Suelo postergar ese momento, darle vueltas a la idea, someterla a la prueba del paso del tiempo, de las alteraciones de mis estados de ánimo, del cambio de circunstancias externas. La mayoría de las veces la dichosa idea no sobrevive. Le estoy diciendo idea por simplificar. Puede ser una imagen, un sentimiento, una frase, un lugar. Lo que tienen en común es que siempre aparecen como un misterio, como si encerraran un secreto, algo que hay que ir a buscar en la escritura. Creo que sobra confesar que nunca encuentro nada, salvo una solución formal, una manera de expresar eso que parecía inefable. Como sea, me parece suficiente. Mucho más que suficiente.

El caso es que la contemplación del árbol me hizo pensar, durante semanas, en el tiempo, en cómo el árbol se movía a través del tiempo, en cómo el confinamiento había estrechado tanto las tres dimensiones espaciales de nuestra existencia que de pronto la cuarta dimensión, el tiempo, se nos aparecía en toda su rotunda monstruosidad. El tiempo estaba pasando delante de la ventana, en forma de luz, hecho árbol. Había algo de religiosidad oriental en todo esto que me molestaba profundamente, que me hacía sospechar de mí mismo, de la deriva de mi psique. ¿Estaba teniendo una experiencia significativa que acabaría transformando mi manera de ver la realidad o era la neurosis del encierro la que ya la había transformado? Además, ¿cómo confiar en una idea que había sido sembrada por el miedo, la incertidumbre, el sinsentido, la paleta de emociones de la pandemia?

CRISTINA

Ya me había dejado de interesar La Literatura hace tiempo, y ahora pasa lo mismo con la ficción. Debería aclarar: ahora me pasa con cualquier corpus que se quiera o se presente como definido de antemano. Me dejo llevar, mejor. Avanzo y retrocedo. Titubeo. Deambulo. Y vuelvo aclarar: me dejo llevar por los designios y retos de mis materiales. Ahora les digo así: mis materiales, que son por supuesto siempre materiales de otros. Materiales ajenos. Voces en el sentido más concreto del término: sonidos emitidos por un aparato de fonación humano o no. Textos conservados en archivos institucionales, o en archivos personales, o en lugares del todo imprevistos. Notas de campo. Notas de viaje. Anuncios. Listas de cosas o de cosas por hacer. Registros de temperaturas o números de kilómetros o calidad del suelo. Evito hablar de los temas que exploro o problematizo, y prefiero describir, con tanto detalle como puedo, la textura y el contorno, el funcionamiento y el quehacer de esos materiales que me intrigan y guían. Por eso es importante poner el cuerpo. El proceso, después o antes de todo, es ese "cuerpo a cuerpo" que se genera en el contacto de múltiples experiencias.

El lenguaje no es aquí una liga abstracta o un vehículo que puede tomarse como dado. Al contrario: en su radical materialidad, el lenguaje conjura y acecha, contesta y propone, limita y pide más. Me intriga cómo llega hecho o des/hecho hasta donde estoy. Mejor aún: cómo, estando rodeada de él, atravesada de múltiples maneras por él, me aproximo a los ángulos que me permitirán hacer tal o cual cosa. Todavía mejor: cómo, en una serie de oscilaciones en las que participan por igual el instinto y la reticencia, el asombro y las distintas tradiciones escriturales, nos acercamos. La cosa siempre estuvo llena de titubeos: ahora más.

¿Le han hecho algo los nuevos materialismos a los procesos de escritura contemporáneos? Mi respuesta es que sí, y además: para bien. En esta reconsideración del territorio y la apertura a experiencias que van más allá del punto de vista humano en un contexto de tiempo profundo que se compone de capas y, con frecuencia, se des-sedimenta en forma vertical, ganamos en fisicalidad y en algo que la escritura ya sabía de antes pero que ahora sabe mejor: en la danza entre el detalle concreto y el sistema de percepción del cuerpo, o de los cuerpos en cuestión, se juega nuestra capacidad de producir algo compartible. De entre las interrogantes que las nuevas materialidades le lanzan a mi quehacer valoro la pregunta sobre la acumulación. José Revueltas lo decía muy bien en un ensayo sobre la relación entre el escritor y la tierra: pertenecer es un verbo ardiente. El ser humano, y el ser animal, y el ser de la piedra ocupan un territorio, tienen una ubicación material sobre el planeta: todos ellos a su modo pertenecen. Pero, como nada es una *tabula rasa*, tal pertenencia se lleva a cabo a través de operaciones, llamémosles: sedimentaciones, de conflicto y resistencia. Nuestra presencia en cualquier sitio es una señal de alarma: algo estuvo aquí antes. ¿Por qué ya no está?, es una pregunta sobre la acumulación. ¿Qué está en su lugar?, es una pregunta sobre la acumulación. Cuando Revueltas habla de "las huellas habitadas" —el título que por un tiempo llevó la novela que terminó llamándose *El luto humano* que ganó el Premio Nacional de Novela en 1943— habla de esas marcas en el territorio que, estando ahí, estando ahí repletas de historia, además, parecen no estar. O parecen pasar desapercibidas. O parecen haberse vuelto invisibles con el tiempo. Cuando avanzamos sobre el territorio, caminando a veces a ciegas, colocamos nuestros pies en las huellas que han dejado otros, habitándolas de maneras problemáticas y suntuosas. En ese choque entre materialidades distintas, llevadas a cabo entre sedimentaciones de tiempo, se produce la escritura que me interesa ahora. Se trata de una historia, ciertamente, en el sentido a veces más rudimentario y básico, pero suele tratarse también, por la atención que exigen sus materias mismas, de una historia que tiene que contarse a la manera de sus propios materiales. De ahí ese dejarse llevar. De ahí la danza.

No hace falta decirlo, pero nunca está de sobra tampoco: la escritura no ocurre en la mente, si por mente identificamos algo separado del cuerpo. La escritura está atada a los distintos sistemas de percepción del cuerpo, y a las formas en que ese cuerpo perceptivo se mueve en y con el mundo. La imaginación también. Como argumentaba Claudia Rankine en el prólogo de *The Racial Imaginary*, es del todo tramposo pensar que la imaginación es libre, que "la imaginación no es parte de "mí", no ha sido creada por la misma red o *matrix* de historia y cultura que me hizo a "mí". No hay una oposición entre la escritura de la imaginación y la escritura documental en este sentido: ambas trabajan con la imaginación encarnada; a ambas las hace una imaginación acuerpada. Cuando se trabaja sobre un escritorio lleno de papeles, cotejando vocablos o fechas, también se trabaja con la imaginación.

LA CAMINATA

Selva

Cuando era niña, con mi primo y mis herma-
nos pescábamos arañas. Unas arañas pelu-
das, muy feas, que viven en hoyos hechos en
el suelo. Para cazarlas atábamos un pedacito
de jabón blanco a un hilo y lo introducíamos
en la cueva. Había que echarse de panza y
estar un rato sosteniendo el hilo hasta que
la araña empezaba a tirar de él. Entonces
éramos nosotros quienes empezábamos a
tirar del hilo, hacia arriba. Me acuerdo de
la excitación y el horror que me provocaba
ese instante hasta que la araña era arrancada
a la superficie. Su cuerpo peludo, sus patas
gruesas; toda negra con dibujos marrones.
Me daban ganas de gritar y salir corriendo, pero también de quedarme exactamente

ahí donde estaba. A veces creo que escribir tiene mucho que ver con pescar arañas. Ese universo desconocido del relato en ciernes saliendo de a poco a la superficie. Ese nerviosismo, esa alegría idiota, ese abismo que experimento cuando empiezo a escribir algo nuevo.

Escribir tiene que ver, en realidad, con pescar. No importa si arañas o peces, el procedimiento es parecido. Para pescar y para escribir necesitamos ejercitar la paciencia y el silencio. La última vez que fui a pescar, hará diez o quince años, fue al río Bermejito, al noreste de Argentina. Salimos por el río en un bote y en un recodo, cerca de la orilla, vimos a un indio *qom* parado sobre una embarcación hecha con un tronco ahuecado. Tenía una larga lanza levantada sobre su hombro y miraba fijamente la superficie del río. Esperaba un pez para ensartarlo. No sé cuánto tiempo llevaría en esa posición, cuánto tiempo había esperado y debería seguir esperando aún para llevar comida fresca a su mesa. Yo no pescaba desde que era chica, no me interesaba tampoco, el viaje era solo para darle el gusto a mi marido y su familia. Pero esa noche acepté pescar yo también. Nos quedamos hasta la madrugada sentados en el borde del río, con latas de cerveza y una radio puesta a un volumen muy muy bajo. Un programa local hablaba sobre extraterrestres y avistamientos. No pesqué nada, pero hubo algo hermoso en la quietud de la noche, el rumor del agua, la luna brillando sobre el río. Y en los relatos que contaba el tipo de la radio: enfatizaba que eran "testimonios" como para dar cuenta de la verdad que había en esas anécdotas. Me acordé de la famosa historia de Orson Welles leyendo *La guerra de los mundos* en la radio. Tal vez lo más parecido a la verdad solo se encuentre en la literatura. Al menos era así como yo leía cuando lo hacía con pasión y entrega, las lecturas de infancia y las de la adolescencia. Sumergirme de veras en un libro, no querer soltarlo, pensar en los personajes como si fueran personas cercanas a mi vida. Las lecturas impactando no solo en mi cabeza sino también en mi cuerpo.

A los doce años leí *La impura*, de Guy des Cars. A la bibliotecaria de mi pueblo le encantaban sus novelas así que siempre que iba volvía a mi casa con alguna. Recuerdo especialmente esta y *El solitario*. Me gustaría releer *El solitario*, tengo la sospecha de que es una gran novela. Pero volviendo a *La impura*, la historia de una prostituta que contrae lepra y es enviada a una isla donde arrumban a los leprosos, la novela me gustó tanto al punto de salirme manchas rosas en los brazos, primer síntoma de lepra, según se contaba en el libro. Yo leía como si de verdad todo lo que narraban los libros les hubiera sucedido a personas de carne y hueso, como si de verdad hubiera ocurrido. Con el tiempo los lectores perdemos esa frescura. A veces lo echo de menos. Extraño la sensación de leer como si el libro fuera un refugio anti-bombas, una habitación del pánico que po-día protegerme de eso que el resto llamaba mundo real. ¿No eran reales mis manchas rosas en los brazos? No serían lepra, pero me las había hecho aparecer la lectura como por arte de magia. La lectura de una novela había puesto manchas donde antes no había más que piel limpia.

Cuando escribo también lo hago como si fuera real. El universo habitado por esos per-sonajes, los personajes mismos y las cosas que les suceden, que los atraviesan; la ma-nera en la que hablan o en la que se quedan callados, todo parece salir de la página, vol-verse tridimensional… hay sonidos, olores, puedo sentir la respiración de estos hombres y mujeres, puedo escuchar el murmullo de sus pensamientos. Creo que más que la capacidad de observación, un ejercicio recomendable para la escritura, hay otro fundamental: la capacidad de ponerse en los zapatos ajenos. ¿Cómo reaccionaría este hombre que no soy, no fui, ni seré nunca ante este conflicto que yo aún no he vivido? Me parece que en la respuesta a esa pregunta, en la manera en que esa respuesta se revela en el relato, puede estar (o no) la verdad de la ficción.

Hace unos días, en uno de mis talleres, una chica leyó un fragmento de la novela que está escribiendo. Es una escena donde se reencuentran personajes que están distanciados porque alguien dice la verdad y otro elige pensar que miente. En la escena el encuentro es armonioso, como si nunca hubiera pasado nada (y lo que pasó es muy grave). Empezamos a discutir ese fragmento: ¿es verosímil? Puede ser: todos debemos tener decenas de anécdotas donde la gente decide hacer como que no pasó nada, mirar para otro lado. De todos modos, a ninguno nos convence, hay algo que hace ruido. La discusión sigue, las preguntas a la autora... entre todos llegamos a la siguiente conclusión: lo que no funciona en esa escena es que los personajes pueden actuar como si nada hubiera pasado, pero el relato no. El relato no puede olvidar: el relato no puede mentirse a sí mismo.

Así como en estos meses me resulta (casi) imposible escribir, también me cuesta mucho leer. Apenas pongo los ojos en la página me distrae alguna cosa: el gato acechando un pájaro que nunca se dejará cazar porque el gato, nacido y criado en la ciudad, aún no afinó esa habilidad natural. El sonido de un pájaro que no sé cómo se llama pero suena parecido a un pterodáctilo, a como me imagino o me enseñaron las películas que sonaba un pajarraco así. Los perros que le ladran al perro del vecino, llamándolo desde este lado del cerco, una rutina en la que ocupan varias horas del día.

Todo a mi alrededor parece estar escribiéndose, todo se ofrece a ser leído. Me acuerdo de una escena de la infancia: es verano y andamos con mis tías, que son dos muchachitas, por el campo. Vamos a la arrocera del vecino. El agua sale de un caño enorme, irrigando los surcos entre las taipas. Pasamos abajo del chorro, las espaldas blancas de mis tías brillan como escamas de plata. Caminamos el surco de agua, calladas. No podía saber entonces que el silencio de esos arrozales se parecía bastante a un poema.

Para no perder la cabeza, otra de las cosas que hacía en esos días, además de mirar el árbol, era leer caminando por el pasillo de casa. Leía cuentos, poesía, pedazos de novelas que la mayoría de las veces abandonaba. Leía y releía obsesivamente estos versos de la poeta alemana Hilde Domin:

> Uno tiene que saber irse
> y sin embargo, ser igual que un árbol:
> como si se quedasen las raíces en el suelo,
> como si se moviese el paisaje
> y nosotros nos quedásemos parados.

En efecto, nosotros nos habíamos quedado parados y lo único que se movía era el paisaje. El alargamiento y encogimiento de la sombra del árbol sobre la banqueta según el ángulo de los rayos del sol. Las diferentes tonalidades de las hojas dependiendo de la intensidad de la luz. La velocidad de la brisa. El paisaje era el tiempo, y el paisaje se movía, no se detenía.

Quizá el día más duro del confinamiento, un domingo en que hubo un fallo eléctrico y nos quedamos sin coartadas, me planté al lado de la ventana, para poder aprovechar la luz menguante de la tarde y releer un libro que había leído hacía muchos años: *Un hombre que duerme*, de Georges Perec. Uno nunca acaba de entender cómo es que vuelve a un libro exactamente en el momento perfecto, de dónde surge esa corazonada, esa memoria literaria que perdura en el inconsciente. Página treinta y ocho (recurro ahora a mis subrayados, en tinta roja): "Te parece que podrías pasarte la vida ante un árbol, sin agotarlo, sin comprenderlo, porque no hay nada que comprender, solo que mirar: lo único que puedes decir de este árbol, después de todo, es que es un árbol; lo único que este árbol puede decirte es que es un árbol (…) No puedes esperar de él otra verdad. El árbol carece de moral que proponerte, de mensaje que proporcionarte (…) Lo único que podrías será querer ser tú mismo el árbol". Me acordé de unos versos de Fernando Pessoa que creo saberme de memoria y que no voy a ir a verificar ahora: "fui al campo con grandes propósitos / encontré solo hierbas y árboles".

Fue un alivio poder mirar otra vez al árbol sin aprensión, con indiferencia, tener a mano un argumento irrebatible cuando su presencia permanente en la ventana me hiciera pensar en que la vida se iba y nosotros seguíamos encerrados: eres un árbol, solo eres un árbol.

Pasó el tiempo y a mediados de mayo nos fue permitido salir a pasear durante una hora a una distancia máxima de un kilómetro. Sería bonito poder decir que crucé la calle y abracé al árbol, pero lo cierto es que me precipité lejos de él, ignorándolo, subí al cerro que está detrás de casa y miré cientos de árboles, sin preocuparme de su nombre o su historia, fui al mirador y constaté que la ciudad y el mar Mediterráneo seguían ahí, respiré hondo, recuperé las tres dimensiones perdidas del espacio e intenté volver a poner en su lugar al tiempo, reducir el peso de su presencia aplastante. Porque esa hiperconciencia del tiempo era la muerte.

En las siguientes semanas atravesamos diversas fases de desescalamiento hasta llegar a esa cosa que llamamos nueva normalidad. Obviamente, no escribí nada sobre el árbol, ni lo haré, he desistido de hacerlo, dejó de tener sentido en cuanto la ventana de casa perdió su importancia, en cuanto dejó de ser nuestro único acceso al mundo. Ahora el mundo volvía a ser otra vez el mundo, aunque midiera un kilómetro cuadrado o tuviera las dimensiones de la provincia de Barcelona.

Además, ya lo dije, es un árbol más bien feo. Lo talaría con mis propias manos si me lo permitieran, incluso en el hipotético caso de haberme convertido yo mismo en el árbol. Cruzaría la calle con un hacha y le pegaría con todas mis fuerzas. Usaría sus ramas, su follaje seco, sus tocos, sus vainas, para encender una fogata y alimentar el fuego de una parrilla alrededor de las cuales mis amigos y yo podríamos reunirnos, platicar, comer, beber, reír y olvidar que todos vamos a morir un día.

Luego volvería a casa y, sin necesidad de mirar por la ventana, escribiría la crónica de aquella fiesta.

CRISTINA

Me gusta caminar. Algunas de las ideas con las que he terminado trabajando por años enteros surgieron en medio de la caminata, en ese vaivén sutil del cuerpo cuando se enfrenta o acomoda a las formas del entorno. Quiero pensar que esto no solo se debe a esa extraña forma de la duermevela o del soñar despierto que se enciende cuando estoy en camino. Me gusta pensar que el detonante de las ideas o las preguntas también se relaciona al encuentro constante con esta cosa otra que es el mundo que se lleva a cabo de manera milimétrica y sensible cuando una camina. Hay algo que no embona en el paisaje: mi cuerpo. Ese ligero desembonamiento, ese fuera de lugar que es el punto de fuga que por fuerza se me escapa, es lo que permite la identificación de ideas que, de otra manera, me pasarían desapercibidas. Algo sucede cuando una va de paso; cuando una va por ir, no necesariamente a prisa. Hace no mucho, tratando de traducir al inglés el verbo "avanzar" en un texto de otra manera crítico a las ideas de "progreso", Sarah Booker y yo dimos con el verbo adecuado: *to amble*. Ahí donde el transitar implica un sistema de tráfico y el caminar una vereda lineal, el deambular se pierde, yendo de un lado para otro sin aparente rumbo, abriendo campo para la pregunta sobre la acumulación.

Pero de caminar me interesa menos la muy masculina figura del *dandy* benjamineano, siempre con tiempo libre en las manos, siempre con esa exquisita forma suya de perderse entre las muchedumbres urbanas, y más las caminantas que, proviniendo o no de las clases medias, colocan sus pies, uno tras otro, en el campo. ¿De qué hablamos cuando hablamos de un cuerpo que deambula en *el campo*? En *Calibán y la bruja*, Silvia Federici nos recuerda que los cuerpos tal y como los vemos son siempre cuerpos con una historia a cuestas. El cuerpo moderno no está del todo desligado de procesos de acumulación originaria que, a través de los cercamientos y la apropiación de los comunes (bosques, lagos, tierras), sentaron las bases para la devaluación del trabajo de reproducción a cargo de los cuerpos de las mujeres. La crisis demográfica de inicios del siglo XVI produjo una preocupación todavía mayor por procesos de reproducción física, dando pie a un control más señero del Estado sobre los cuerpos de las mujeres, a los que se les trató de disciplinar o castigar a través de la así llamada cacería de brujas. En una argumentación con la que la Margaret Atwood de *The Handsmaid's Tale* estaría de acuerdo, Federici asegura que el deseo de aumentar la población en el siglo XVII ató de manera definitiva a las mujeres con los designios del Estado y del capital: "los úteros se transformaron en territorio político controlados por los hombres y el Estado: la procreación fue directamente puesta al servicio de la acumulación capitalista". En *La guerra contra las mujeres*, Rita Segato radicaliza este argumento y lo acopla a los ritmos contemporáneos: los bajos niveles de formalidad de los conflictos bélicos de nuestra era están detrás de las inscripciones espectaculares de la violencia no sobre los cuerpos guerreros, sino sobre los cuerpos frágiles de niños y mujeres, enalteciendo así procesos identitarios de adhesión o lealtad. En nuestros tiempos importa menos la captura del territorio, y más la explotación de cuerpos vueltos territorio en continuo desplazamiento a través de una técnica de rebaño: "un rebaño humano móvil que corta a través de las fronteras nacionales, la red de los cuerpos pasa a ser territorio y la territorialidad pasa a ser una de rebaño en expansión". Silvia Rivera Cusicanqui nos recuerda que, en un mundo como el Aymara, caminar y producir no son dos actividades antitéticas. Y a las palabras se remite: "SARANQAÑA: vivir, desenvolverse, caminar por la vida. SARAÑA: desplazarse o caminar en sentido literal. LURAÑA: hacer, producir, crear bienes materiales". Se produce comida de la misma manera en que se produce, itinerante, conocimiento. Finalmente, Dimitris Papadopoulus nos recuerda en *Escape Routes* que el escape siempre estuvo primero. No escapamos de. Escapamos, y ya. Son esas formas de fuga constante y bien diseminadas tanto social como culturalmente las que han generado, como oposición e imposición, el sedentarismo estatal. ¿Cómo escribir mientras escapo? Esta es mi

pregunta ahora mismo, mientras tomo aire y
me dispongo a deambular otra vez.

LA SIEMBRA

Selva

Cuando me mudé aquí en el verano traje pocos libros: la poesía completa de Susana Thénon, la de Zelarayán, *El hada que no invitaron* de Estela Figueroa, y *Naturaleza moderna* de Derek Jarman. Vine dispuesta a cuidar las plantas, pasar largas horas en la hamaca paraguaya y terminar una novela. El libro de Jarman es un diario que lleva durante poco más de un año mientras hace su jardín en una casita de la costa en Escocia. Cada entrada habla de semillas, de podas, de transplante, de especies... eso que cultiva le trae recuerdos de infancia o de libros que ha leído. Parece saber mucho de plantas. Yo sé bastante poco pero mi madre y mi abuela y mi hermana siempre supieron mucho. Además las tres tienen el don de la mano verde.

El jardín de mi abuela era una mezcla de plantas de diversa clase, entreveradas con verduras. Plantaba todo junto, en el mismo cantero. Daba la impresión de que no había ningún plan, sin embargo, en ese microuniverso aparentemente desquiciado cada planta tenía su por qué, cada una cuidaba, de alguna forma, de la otra. El jardín de mi madre se parece. En cambio mi hermana, quizá porque tiene menos espacio, es más ordenada: en el patio tiene estanterías donde sus plantas se ordenan como los libros de una biblioteca. Las tiene por especie: cactus, suculentas, aromáticas... y en las macetas escrito el nombre de cada una.

Aquí en los alrededores vi muchas plantas silvestres que mi abuela usaba para cocinar o para curar. La lengua de vaca, parecida a la espinaca, con la que hacía unos buñuelos exquisitos. Llantén, bueno para el dolor de garganta. Malva para las inflamaciones. Pensé que con todo ese jardín dado no necesitaría ir casi al supermercado. Me uní a un grupo de Facebook llamado Plantas silvestres comestibles. Me di cuenta de que había gente que sabía muchísimo menos que yo y primero me alegré y enseguida me preocupé porque sería peligroso seguir sus consejos. Me salí del grupo. Una amiga me pasó una aplicación que indica el nombre de la planta y para qué sirve, pero nunca la bajé. Empecé a hacer composta con los desechos orgánicos de mi cocina, pero lo abandoné al cabo de unas semanas: ahora de allí salió algo que parece un árbol de palta.

Cuando compramos este lote lo primero que me entusiasmó es que hubiera un pequeño monte de álamos. El álamo es uno de mis árboles favoritos. Hay un cuento de Haroldo Conti que se llama *La balada del álamo carolina*, el comienzo dice: "Uno piensa que los días de un árbol son todos iguales. Sobre todo si es un árbol viejo. No. Un día de un viejo árbol es un día del mundo". Siempre me pareció tan impactante ese comienzo. Casi que el relato podría haber terminado allí. Casi que todo el relato podría haber sido simplemente: "Un día de un viejo árbol es un día del mundo". Observé mis álamos todo el verano desde la hamaca paraguaya, las copas altísimas y las hojas que tienen ese color grisáceo del revés. El viento les saca un sonido como el que hace el papel cuando lo estrujamos. Les saqué muchísimas fotos con el teléfono. A simple vista parece siempre la misma foto. Abajo de los álamos, además de estar echada, también terminé la novela. Como una versión ridícula de Hemingway, escribía descalza, en *short* y musculosa, treinta y tres grados de calor a la sombra, sentada en una silla baja de piel de vaca y con la computadora arriba de una banqueta de plástico comprada en el supermercado. Tomaba mate tereré: es decir, mate con agua helada y limón. Mientras mis vecinos se divertían en la pileta, yo escribía abajo de mis árboles. A la noche, buscaba en el Youtube canciones de Ramón Ayala, un músico argentino que le canta al monte. Encontré grabaciones de cuando era joven (ahora tiene ochenta años) y por momentos su voz era tan clara, tan hermosa, tan salvaje que me espantaba.

También salí a caminar por las calles de tierra, desiertas, a la tarde temprano. Pero esas caminatas eran perturbadoras. La soledad y el silencio de la siesta traían todos los fantasmas de cuando era pequeña y la siesta era el momento de las desgracias que les pasaban a las niñas que no estaban en su casa, durmiendo, como correspondía. Al costado del camino, los invernaderos con los plásticos sudados por el calor, brillaban como medusas bajo el sol de las primeras horas de la tarde. La palomita de la Virgen cantaba su canto fúnebre. Yo tenía de nuevo once años y miraba una y otra vez por encima de mi hombro, inquieta. Abandoné las caminatas. Hasta el comienzo del otoño cuando me bajé una aplicación: Adelgazar caminando o algo así. Entonces ya no podía salir de aquí porque había comenzado el aislamiento. Así que caminaba cuarenta minutos por el parque siguiendo las órdenes de la chica de la aplicación. Después podía ver el itinerario recorrido, marcado en la pantalla: era un rayerío nervioso de senderos que no se bifurcaban si no que se enmarañaban unos sobre otros. Al cabo de unas semanas también abandoné estas caminatas, parecidas a las que hacía de vez en cuando en la ciudad, arriba de una máquina. Al final el parque se había vuelto como una caminadora, solo que un poco más grande. Mi rutina con el ejercicio físico es parecida a la que tengo con la escritura. Esporádica. Entusiasta solo de vez en cuando.

Igual volví con mi entrenador, a quien había abandonado hacía dos años. Traje a nuestro equipo atlético a mi amigo Danilo. Con él, de adolescentes, estudiábamos francés en el pueblo. Ahora casi a los cincuenta años levantamos pesas rusas, saltamos a la cuerda y hacemos flexiones de brazos cada uno frente a la pantalla de su computadora. Mientras entreno no puedo pensar (apenas si puedo respirar). Pero después mi cuerpo y mi mente quedan tan livianos, tan vaciados, que creo que será una buena cosa cuando vuelva a escribir.

También hui de los diarios de la pandemia, quizá el género que pasó de moda más rápidamente, apenas habrá durado dos meses y ya es historia (olvidable). Aunque en este y otros textos hable por fuerza del aislamiento no estoy escribiendo un diario, ni siquiera un cúmulo de notas sobre la pandemia, me repito todo el tiempo para quedarme tranquila. Si es cierto (creo que lo es) que todos escribimos lo mismo al mismo tiempo porque estamos todos pensando en lo mismo (siempre), eso es ser contemporáneo de alguien más, no quiero ser la que repita lo mismo sobre el tema pandemia. Como cuando éramos chicos, al menos en las escuelas de Argentina: composición tema: la vaca.

Lo hermoso de ser contemporánea de alguien es cuando además admirás a esa persona, a ese escritor o escritora. Me pasa con Estela Figueroa. Creo que es la mejor poeta argentina viva. Cada vez que la leo, que es con muchísima frecuencia, me emociona pensar que a seiscientos kilómetros de distancia Figueroa respira y su corazón late igual que el mío. Que mientras yo estoy leyendo poemas que escribió hace veinte o treinta años, tal vez ella esté escribiendo los que seguiremos leyendo dentro de veinte o treinta años. Me emociona profundamente poder decir que vivo en el mismo tiempo que la poeta Estela Figueroa. Seguramente estaremos las dos pensando lo mismo sobre ciertas cosas, o parecido al menos. Seguramente también Estela Figueroa lo escribirá mejor que yo.[*] Que lo escriba mejor, por supuesto no quiere decir: bien. Coincido en que escribir es escribir mal. Metafórica y literalmente. Juntar toda la resaca del lenguaje, las palabras mal dichas (el gómito, decía una amiga de la infancia), las pretenciosas, las líricas; agarrar al tanteo las palabras elevadas y ponerlas en las bocas llenas de caries o con aliento a vino barato de un personaje ramplón, medio pelo, bueno para nada.

Hace unos días murió un poeta de mi tierra, Fernando Callero, apenas mayor que yo. Todos quedamos muy impactados, muy conmovidos con su muerte temprana, con una serie de tragedias en su vida que empezó con un accidente banal: se cayó con la bicicleta en un pozo que los empleados de la municipalidad habían dejado sin tapar, por negligencia. Se rompió alguna parte de la columna y a partir de allí todo fue una sucesión de acontecimientos desafortunados. Callero tiene muchos poemas hermosos, pero hay uno que me gusta particularmente:

PERFEITO

Mi viejo decía perfeito, no perfecto,
y a mí me agarraba un sopor nervioso
y me quería morir. O que se muera.
Después de todo era preferible ser muerto
o huérfano
antes que tener un padre que diga "perfeito".
Encima lo decía a cada rato
porque el término había ingresado

a la jerga comercial de la época.
Si lo acompañaba a vender bombachas
a Basavilbaso, prefería quedarme en el auto
escuchando casets, leyendo un Emecé sin
  tapas
de Niko Kazanzakis
antes que pasar calor en los negocios
escuchando a mi viejo cada dos por tres
decir "perfeito".
Me sonaba brasilero y algo porno,
además de la descalificación que le acarreaba
ese error de dicción
a un hablante correcto de su lengua.
Él no había terminado el sexto grado.
A mí me apretaba el cuello una corbata
de bachiller
y a los 12 era un neurótico de la gramática
y de las oraciones.
Entiendo que mi viejo también soportaba
andar con Fray Mamerto Esquiú de
  acompañante,

pero así son las cosas. Mi historia.

Un viaje en break con el mate estrellándose
contra los vidrios del Renó.

Mamá que saca cuentas, papá en su paraíso
de lycra y notas de pedido.

Los hermanitos atrás
rogando que los dejen juntar de ese campito
un cachorro con sarna.

¿Cuánto suman las facturas, Susana?

257.000 pesos.

Perfeito.

* Nota de lxs editorxs. La poeta Estela Figueroa falleció el
11 de agosto de 2022, en Ciudad de Santa Fe, Argentina.

Juan Pablo

Supongo que hay escritores que miran por la ventana y otros que prefieren salir a deambular. Quizá esa clasificación —arbitraria, como todas las clasificaciones—, sea la manera que tengo ahora de decir aquello que discutía con mis compañeros de la facultad de Letras de la Universidad Veracruzana hace veinte años, mientras desayunábamos pambazos entre clase y clase: que había escritores que se resguardaban en torres de cristal —entre libros y cortinas de terciopelo— y otros que iban a buscar la aventura —se iban a la guerra, a la pesca del salmón en Alaska o se dedicaban a cualquier actividad insensata en la que se pusiera a prueba su virilidad.

Aunque a veces yo tomara partido por una u otra opción, siempre tuve claro que se trataba de un falso planteamiento, porque si me lo aplicaba en primera persona, cualquiera de las dos alternativas me resultaba completamente ajena.

Para asumir la primera, me faltaba una de dos cosas: o bien tener dinero, clase, pedigrí –y yo procedo de una familia de clase media provinciana– o bien una capacidad de sacrificio muy grande, tan grande incluso como para estar dispuesto a que mi devoción por la literatura me condenara a la pobreza, a la estrechez, al aislamiento.

Por otra parte, aunque me sintiera más identificado con la necesidad de "estar en el mundo" que implicaba la segunda opción, su competitividad me asustaba. No solo se trataba de vivir aventuras, sino que eran peligrosas y había que sobreponerse, ser fuerte, vigoroso, decidido. Se volvía de la guerra con heridas, uno iba a pescar salmones pero entre otras cosas terminaba teniendo que cazar un oso. Esa actitud intrépida estaba todavía más lejos de mi alcance que el hecho de no haber nacido en la cuna adecuada.

Hay una carga de dramatismo sobreactuado en esa dicotomía que tiene mucho que ver con la adolescencia y la primera juventud, épocas exaltadas en las que al hablar de literatura pareciera que tomar una posición u otra fuera cuestión de vida o muerte. Pero el tiempo pasa, no fuimos a la guerra, no cazamos un oso, tampoco mejoramos mucho nuestra economía, las pasiones se desinflaman y de pronto la única posición que nos queda, durante un confinamiento, por ejemplo, es al lado de la ventana. Y entonces no hay que elegir entre una torre de cristal o una vida de aventuras, hay, cuando mucho, la posibilidad de abandonar la ventana y salir a pasear.

Pasear o, más bien, deambular, vagabundear, se parece bastante a mi idea de la escritura. Para mí, escribir es un proceso de ir encontrando cosas sobre la marcha, de recogerlas o abandonarlas, de discriminarlas y, en última instancia, de darles cierta coherencia formal. Se parece bastante al trabajo de un pepenador urbano, uno que al toparse con un cable sabe si tiene cobre o no, uno que es capaz de imaginar una estantería a partir de un pedazo medio podrido de madera de triplay o de hallar un uso alternativo para las piezas de un aparato electrónico averiado.

A veces, la manera en que el vagabundeo alimenta a la escritura es literal: un póster publicitario de una clínica estética que vi en la calle —sobre la erradicación de arañas vasculares— acabó inspirando un personaje de mi última novela. El desenlace también me ocurrió mientras caminaba, mientras atravesaba una plaza que quedaba a medio

camino entre mi antiguo estudio y mi casa.
Digo que el desenlace me ocurrió y no que
se me ocurrió. Fue un suceso, no una ocu-
rrencia: caminaba por el centro de la plaza y
de pronto todo encajó, gracias a la lógica del
vagabundeo; era tan claro que luego me sor-
prendía de no haberme dado cuenta antes.

El vagabundeo es esencial, pero también
hay que saber volver. Algo así le repetía
Hebe Uhart a los alumnos de sus talleres
literarios: "Todo arte de escribir es hacer
una digresión y saber volver". Es curioso
que los personajes de los grandes digreso-
res de nuestra literatura –ahora me vienen a
la memoria Efrén Hernández y Pablo Palacio– sean vagabundos para los que narrar y
caminar es la misma cosa. No son *flâneurs*,
porque les falta la pedantería de la ambición
estética. Un personaje de Efrén Hernández
vagabundea porque no ha pagado la renta
del cuartucho en el que malvive y porque

para poder volver tiene que esperar a que sea de noche y la casera se quede dormida. Otro de Pablo Palacio hace tiempo para comer. Mientras tanto, miran las nubes y piensan. Mirar las nubes –imaginar las figuras que representan– es una de las formas primitivas de la ficción.

Yo salgo a vagabundear todos los días, pero por la tarde siempre vuelvo a casa, donde está la gente que amo, mi pareja y mis hijos. Volver es la base del pensamiento conservador y la tensión que establece con la fantasía de largarse es la que mantiene viva la literatura, la que hace que su forma mute. Hay quien escribe para preservar la forma, para salvaguardar la tradición, para honrarla, para intentar estar a la altura, y hay quien escribe para romperla, para buscar nuevos caminos. Irse o quedarse. Irse y quedarse. Irse quedándose. Quedarse sin irse. Irse sin quedarse.

"Alguna vez", escribió Alejandra Pizarnik, "alguna vez tal vez / me iré sin quedarme / me iré como quien se va".

Todo esto viene a cuento porque, a toro pasado —no me gustan los toreros, pero me gusta la frase—, luego de haber vivido lo más duro del confinamiento, he estado pensando mucho en mi negativa a escribir durante ese tiempo. Una explicación, razonable y hasta bonita, es que yo no soy un escritor que mira por la ventana y no quería convertirme en eso: en alguien que escribe sobre la contemplación de un árbol, sobre la luz y el paso del tiempo. No lo digo con desprecio. Lo digo como constatación, como algo inevitable, que simplemente es así. Hay grandes escritores que miran por la ventana, entre ellos algunos de mis favoritos, como Kafka, que una mañana de la primavera de 1913 se recargó en la ventana de su casa para ver pasar a una chiquilla, para describir su rostro iluminado por la luz del sol que se colaba por el cielo gris.

Yo necesito abrir la ventana, y no solo para respirar, sino también para salir al mundo. Pero no siempre fue así. Me di cuenta en estos meses, casi sin querer, estando encerrado, al responder a una entrevista por correo electrónico. Yo no sé qué tan bueno sea ser consciente de los mecanismos de la propia escritura, mi primera reacción sería pensar que eso es malo, que podría hacerme perder frescura, pero la escritura no es fruta o verdura, y es probable que eso no deje de ser pura superstición. De cualquier manera, ya no importa, porque ya no hay vuelta atrás. Me di cuenta de algo. De algo importante.

Lo que descubrí es que mis tres primeras novelas son novelas de interior y las dos últimas son de exteriores. Quiero decir que las tres primeras transcurren, mayoritariamente, dentro de casa —una mansión, una casa pobre, un edificio de departamentos– y las dos últimas en el espacio público. La importancia de esto radica no solo en el escenario, sino, desde un punto de vista pragmático, narrativamente hablando, en que cambian por completo las formas en que se articulan las tramas, la lógica, sus posibilidades de verosimilitud –ya se sabe, la trama es nuestra vida–. Qué hacen los personajes. Qué cosas les suceden. Por qué les pasan. Qué consecuencias tienen. ¿Somos libres? ¿Somos felices? ¿Somos responsables? ¿Somos culpables? ¿Somos víctimas o victimarios?

La diferencia entre una trama de interiores o de exteriores es significativa. Por ejemplo, el azar y la casualidad son fenómenos no solo esencialmente exteriores, sino incluso urbanos. En cambio, en la vida en el interior lo que predomina es el malentendido, el juego de puertas que se abren y se cierran, las miradas que espían, ese decorado de teatro.

¿Qué había pasado conmigo entre la escritura de esas novelas?

Creo que lo sé, pero no lo quiero explicar. De lo que quería hablar, aunque me vaya por las ramas de aquel árbol, era de mi negativa a escribir.

Durante aquellas semanas recibí unas cuantas peticiones de revistas y periódicos y las rechacé todas, como si en ello me jugara la dignidad, sobreactuadamente. Creía estar reivindicando una idea de la escritura que tiene que ver con la distancia, con la perspectiva y el punto de vista, algo robado de Horacio Quiroga: "No escribas bajo el imperio de la emoción. Déjala morir y evócala luego. Si eres capaz de revivirla tal cual fue, has llegado en arte a la mitad del camino".

Pero la distancia, oh, la distancia, es una ventana de tiempo. Al final resulta que sí soy un escritor que mira por la ventana. En realidad, quizá todo lo que acabo de decir sea solo una excusa, una manera de encubrir la verdad: que lo que me paralizaba, lo que me impedía escribir, era que tenía miedo. Todavía lo tengo. Tengo miedo. Ahora mismo tengo miedo, escucho ruidos extraños en la calle.

Tengo que parar, voy a asomarme a la ventana.

CRISTINA

Ya teníamos dos meses de cuarentena cuando decidimos convertir nuestras comidas y cenas en pequeños seminarios colectivos. En la serie de decisiones que fuimos tomando apresuradamente, con la información disponible hasta ese momento, mi madre –que nos visitaba por entonces– hizo sus maletas para regresar a México y Matías, que pasaba su primer año en la universidad de sus sueños, tuvo que resignarse a volver a casa. Siempre es un reto convivir con adolescentes, pero hacerlo en el encierro, mientras el mundo que han empezado a amar se cae a pedazos, puso a prueba toda nuestra fuerza imaginativa. Ya nos habíamos hecho a la rutina de desayunar, comer y cenar juntos, preparando la comida antes y limpiando la cocina después, en equipo también, pero la plática, que al inicio brotaba con facilidad, se fue apaciguando con los días. Las caras largas de Matías me mortificaban. La renuencia a salir siquiera de su cuarto. ¿Por qué no compartimos lo que estamos estudiando cada uno en esas horas que pasamos a solas antes de venir a la mesa? No sé quién hizo esa pregunta, pero sí recuerdo que los tres estuvimos de acuerdo casi de inmediato.

Mi entusiasmo por las cosas que investigo suele abrumar a las personas con las que convivo. Aunque podría afirmar que me mueve el afán de compartir, también tendría que aceptar que muchas veces hablo de los libros o ideas que me interesan una y otra vez, y a la menor provocación, porque estoy tratando de comprobar si de veras las entiendo. A veces creo que es por eso, y no por otra cosa, que sigo dando clases. Fui el tipo de madre que, en un viaje en el que estábamos tratando de cubrir una buena porción del estado de Chiapas, sometí a un Matías de apenas ocho o nueve años a largas peroratas sobre *La violencia del capital financiero*, un libro de Christian Marazzi, para saber si podía explicar los recovecos de la economía de nuestro tiempo. ¿Y en nombre de qué hice eso?, todavía me hago esa pregunta hasta este día sin encontrar una respuesta plausible o digna. Criar hijos es un poco criarse a una misma. Supongo que el entusiasmo que despertó el proyecto de nuestros seminarios colectivos estuvo desde el inicio un poco relacionado a la oportunidad de darme una probadita de mi propio chocolate. La venganza mueve montañas.

Pronto quedamos de acuerdo: Saúl nos compartiría los documentales que estaba estudiando mientras se preparaba para filmar un cortometraje sobre la frontera; Matías, que estudia *jazz*, nos enseñaría a escuchar las piezas de música que analizaba entonces –algunas de *jazz* experimental y muchas más de rap, por cierto– colocándolas en contextos históricos precisos y resaltando sus mecanismos internos. Yo opté por dejarlos oír los audiolibros que me ocupaban por esos días: todos sobre la manera en que las plantas afectan y son afectadas por el mundo que compartimos. Nuestras comidas y cenas –descansábamos durante el desayuno– se convirtieron así en una especie de seminario recurrente y gozoso. No había afán alguno de convencimiento o de adoctrinamiento o de protagonismo en esas lecciones que nos fuimos prodigando. Nos guiaba el placer de abrir la puerta de un cuarto secreto –el lugar donde forcejeábamos con nuestros materiales mientras tratábamos de crear algo nuevo con ellos– para que otros, nuestros seres más queridos y más cercanos, pudieran adentrarse ahí y, con suerte, entendernos de otra manera. Producirnos de otra manera. Ya sabía que la mirada crítica de Saúl suele ser implacable, pero los comentarios con que guiaba nuestra atención hacia ciertos aspectos de producción de los documentales me dejaron en claro que se aproximaba a la imagen como producto de una serie de relaciones estructurales e íntimas, por ejemplo. Mis largas batallas verbales con Matías, quien muy pronto entendió que no tenía por qué someterse a disquisición alguna sobre la lucha de clases o deferencias de género o las políticas del racismo, me prepararon para constatar, con un asombro que no estaba exento de orgullo, que se había convertido en un hábil comentarista capaz de traer a colación detalles inesperados para construir argumentos persuasivos. Pronto todo fue sujeto de discusión: ¿podíamos describir al cereal con leche como una sopa fría?

Los adultos decíamos que no; el joven que sí. ¿Afectaba el tamaño de la pasta el sabor del espagueti? Hicimos varias pruebas para convencer al joven de que ese era el caso, por supuesto. Y así también descubrí que, además de ser un ágil argumentador, Matías era tan terco como su madre.

Para entonces ya llevaba yo años interesada en los mundos que genera el algodón. Muchos de nuestros viajes en esas carreteras de antes de la pandemia respondieron a ese objetivo. Supongo que el viaje que recordaremos en el futuro será ese recorrido a lo largo de la frontera entre México y Estados Unidos, desde San Diego hasta Brownsville, en Texas, que luego extendimos hasta Savannah, Georgia, en un viejo Volvo 1990 sin aire acondicionado ni calefacción. No se los recomiendo. Sin saberlo a ciencia cierta, empezaba ya a prepararme para el siguiente proyecto leyendo todo lo que podía sobre papas. Si en *Autobiografía del algodón* había explorado la experiencia migrante de mis abuelos con base en el experimento agrario que transformó la frontera entre Tamaulipas y Texas a mediados de siglo xx, en *La colecta* trataría de poner sobre la mesa de discusión la experiencia de mi padre como mejorador genético de plantas y, más específicamente, su trabajo con el estudio y cultivo de la papa en las tierras altas del centro del país. La transición, que explicada así parece obvia, no podría entenderse sin la siguiente escena: una tarde, platicando con mi padre acerca de un viaje que compartí con él por la sierra de Chihuahua, sacó de su librero un expediente lleno de papeles. Eran las notas personales de las colectas en que había participado por todo el país, identificando especímenes silvestres de papas con el fin de encontrar formas no intrusivas de combatir al tizón tardío, una plaga que entre otras cosas tiene el dudoso honor de haber ocasionado la destrucción de sembradíos de papa que luego condujeron a la hambruna y eventualmente a la migración masiva de irlandeses hacia los Estados Unidos. Yo lo que recordaba eran las caminatas por el monte, la respiración súbitamente alterada, las exclamaciones de celebración cuando alguno de los investigadores señalaba una flor diminuta, frágil al tacto, como una de las especies buscadas. Una vez, en medio de todo eso, partimos una sandía en grandes rebanadas que luego nos dejaron las manos pegajosas. Una vez, una abeja astuta introdujo su aguijón en la nariz de un hombre que estaba tratando de aspirar el aroma de una flor. Tal vez todo empieza así: un recuerdo imborrable muchas veces borrado, y el deseo de regresar a la escena, de producir la escena, para compartirla otra vez.

¿Cómo fue posible que un cultivo que distinguió al valle de Toluca durante buena parte del siglo xx desapareciera tan drásticamente a inicios del siglo xxi? Solastalgia es el término que usamos para describir el duelo que provoca la pérdida de mundos a manos del cambio climático. La pregunta, que ya me rondaba desde años atrás, empezó a convertirse, por ese entonces, en el enigma de lo que se trata cualquier cosa que va apareciendo día a día en la pantalla. Soy una trabajadora del lenguaje cuando escribo, eso es cierto, por eso me las veo con enigmas —menos para descifrarlos, como lo decía Eduardo Grüner, y más para compartirlos así como están, cubiertos de una pátina delicada de tiempo—. Un eco. A veces más. Tenía, para entonces, con todos esos días acumulados en el encierro, unas ganas inauditas de regresar a las veredas rugosas del Nevado de Toluca. Me imaginaba subiendo lentamente por sus costados hasta alcanzar la cima casi sin aire, el corazón latiendo a una prisa demencial. El paisaje imperturbable allá abajo. Imaginaba el ruido de las botas sobre la tierra suelta, el aire seco sobre el rosto y, sobre todo, ese sabor indescriptible de las papas recién arrancadas de una tierra muy oscura.

Las plantas, decía Daniel Chamovitz en *What a Plant Knows. A Field Guide to the Senses,* no sienten dolor. Tanto en *Brilliant Green* como en *The Revolutionary Genius of Plants,* Stefano Mancuso llama la atención sobre cómo los seres humanos y animales insisten en resolver todo con el movimiento, mientras que las plantas, limitadas en este aspecto, han inventado soluciones que ahora copian proyectos arquitectónicos y hasta espaciales. Nunca como en las caminatas por las calles de la pandemia, súbitamente dominadas por pequeñas tribus móviles capitaneadas por perros, me quedó clara la sagacidad infinita de los árboles. Nos dimos a la tarea de investigar todos los nombres de los arbustos y las flores que nos topábamos en el camino. Como si las pequeñas sesiones de seminario alrededor de la mesa hubieran encontrado su hora de laboratorio, recorrimos las banquetas y los parques, los atajos y las veredas a lo largo de viejos *bayous* tomando fotos y notas de voz acerca de los encinos y palmeras, magnolias, pinos, buganvilias, campanillas, nomeolvides. Acostumbrados a pasar a toda prisa por los paisajes más cercanos, caminábamos ahora lentamente por nuestro entorno, descubriendo paso a paso distintos tonos de verde (y en Houston, donde estábamos entonces, los tonos de verde son infinitos), ángulos de luz que nos habían pasado desapercibidos. Junto con la lentitud llegó de nueva cuenta la curiosidad. Y el asombro. No tardó en aparecer el temor, por supuesto: estábamos en sus manos. Siempre hemos estado en manos de la naturaleza.

Tan pronto como fue posible volvimos a viajar. Los protocolos señalaban que lo teníamos que hacer de la manera en que más nos gusta: por tierra. Una mañana de mucha luz salimos a toda prisa en uno de esos viajes enloquecidos a los que nos hemos vuelto adeptos, parando solo para poner gasolina o ingerir los alimentos preparados en casa. Teníamos el plan de dormir en un *camping* a un lado de la carretera, pero el único que pudimos identificar no aceptaba perros y nuestra tribu ahora incluía a Lara. Así que continuamos, turnándonos el volante cada que nos sentíamos cansados. Estuvimos a punto de pernoctar en el estacionamiento de un Walmart, pero la falta de iluminación y la reunión de algunos hombres alharaquientos nos hizo desistir. Terminamos durmiendo un par de horas en un área de descanso en la frontera entre Nuevo México y Arizona. Platicábamos para mantenernos despiertos.

Platicábamos para comentar sobre el paisaje o para hacer confesiones inesperadas. Como si todavía estuviéramos en nuestras sesiones de seminario alrededor de la mesa, platicábamos a veces en voz baja, a veces despertando al que iba en el asiento de atrás. Platicábamos para sentir que íbamos juntos todavía en este experimento colectivo que es ir de la mano a través del tiempo, a lo largo del espacio. A veces creo que escribir es continuar con esa plática por otros medios. A veces creo que todavía estamos ahí, despojándonos de la ropa a un lado de la playa, corriendo todos juntos hacia el mar.

ÍNDICE

Selva Almada (Villa Elisa, Entre Ríos, 1973). De su obra sobresale *El viento que arrasa*, ganadora del First Book Award de Edimburgo, *Ladrilleros* y *No es un río*, que le valió el Premio IILA a la mejor novela latinoamericana publicada en Italia en el bienio 2021/2022 y fue finalista del Booker Prize en 2024.

Cristina Rivera Garza (Matamoros, Tamaulipas, 1964). Algunos de sus últimos libros son *Autobiografía del algodón* y *El invencible verano de Liliana*. Esta novela le ha valido varias distinciones como el Premio Xavier Villaurrutia en México y el Premio Internacional Donoso en Chile. También fue finalista del National Book Award en 2023 y obtuvo el Premio Pulitzer 2024 en la categoría de Memorias o autobiografía.

Juan Pablo Villalobos (Guadalajara, Jalisco, 1973). Entre sus libros destacan *Fiesta en la madriguer*a; *No voy a pedirle a nadie que me* *crea,* ganadora del Premio Herralde de Novela en 2016; *La invasión del pueblo del espíritu* y *El pasado anda atrás de nosotros. No voy a pedirle a nadie que me crea* fue adaptada al cine por Fernando Frías de la Parra y *Fiesta en la madriguera* por Manolo Caro.

———————

———————

,

1

DEAMBULAR
OTRA VEZ

de Selva Almada, Cristina Rivera Garza
y Juan Pablo Villalobos
se terminó de
imprimir
y encuadernar
en septiembre de 2024,
en los talleres
de Romanyà Valls,
Plaça Verdaguer 1, Capellades,
Barcelona, España.

Para su composición tipográfica se empleó la familia Bell Centennial.
El diseño es de Alejandro Magallanes.
El cuidado de la edición estuvo a cargo de Dulce Aguirre.
La formación de los interiores la realizó Ana Paula Dávila.
La impresión de los interiores se realizó sobre papel Lux Cream
de 80 gramos y el tiraje consta de 2500 ejemplares.